15 cent.   2ᵉ édition. — Nᵒ 13.   20 c. par la poste.

INSTRUCTION RÉPUBLICAINE

LE
MAITRE D'ÉCOLE

Par E. BONNEMÈRE
Publiciste

PARIS

SOCIÉTÉ DU PATRIOTE, rue Saint-Jacques, 161
LE CHEVALIER, éditeur, 61, rue de Richelieu
GERMER-BAILLIÈRE, 17, rue de l'École-de-Médecine
LIBRAIRIE DE LA BIBLIOTHÈQUE DÉMOCRATIQUE
Place des Victoires, 9

—

1874

LE MAITRE D'ÉCOLE

PAR

EUGÈNE BONNEMÈRE

CHAPITRE PREMIER.

Vous tous qui avez le bonheur insigne d'habiter aux champs et d'y respirer un air pur et qui n'a pas encore servi, avez-vous remarqué comment naissent, grandissent et s'élèvent tous les hôtes de la ferme, qu'ils soient à deux ou à quatre pieds, avec ou sans plumes ?

Le poussin, à peine échappé de sa coquille, choisit avec discernement, sur le sol qu'il voit pour la première fois, le grain de mil ou le pain émietté que la ervante répand autour de lui, tandis que le caneton, se dandinant de droite à gauche, pique droit sur la mare, où son large bec barbotte à l'aise, et d'où il sort bientôt aussi sec, aussi propre et lustré, et presque aussi jaune, sous son duvet épais, qu'un beau louis d'or tout neuf.

De leur côté l'ânon, le veau, le poulain se dressent sur leurs quatre pattes, longues et menues comme des échasses, gambadent dans l'aire et rentrent à l'étable pour presser la mamelle de leurs mères, qui n'ont d'autre souci que de les attendre tranquillement.

Puis, au bout de peu de semaines pour les volatiles, au bout d'un an, de deux au plus pour les commensaux de l'étable et de l'écurie, leur croissance est faite et ils sont en possession de toute la somme de connaissances dont ils ont besoin pour accomplir leur modeste destinée ici-bas.

En naissant, les uns avaient leurs plumes, les autres avaient leurs poils. Depuis, le temps seul a travaillé pour eux, et, rapidement, les a faits ce qu'ils doivent être.

Pénétrez maintenant dans la chaumière, et voyez cet enfant qui est, lui aussi, à sa première journée. Contemplez ce pauvre petit être mou, frêle, chauve, n'ayant pour voix que des cris de douleur, souillé de déjections, et qui, demain, passerait de son berceau dans sa tombe, si sa mère ne veillait pas sur lui de nuit et de jour, et si elle ne plaçait pas entre ses lèvres cette coupe que la nature a remplie, pour lui, d'un lait mystérieux. Car il n'a pas même l'instinct : une année entière s'écoulera avant que ses petites jambes titubantes puissent soutenir son corps, et il en faudra deux avant que sa voix sache faire à peu près comprendre ses premiers besoins et ses premiers désirs.

Cette sorte de végétation humaine est cependant la créature privilégiée entre toutes, parce que seule elle est *éducable* et perfectible; parce que l'éducation ouvre devant elle les horizons infinis du progrès. L'homme naît inférieur à la bête, l'instruction l'élève jusqu'à l'ange.

En quelque lieu que le hasard l'ait fait naître, il tient dans sa main les produits de toutes les parties du monde. La terre, l'air et l'eau sont ses tributaires. Il s'élève dans les airs, vole sur les ondes, et laisse bien loin derrière lui les quadrupèdes les plus rapides. Il soumet à son empire ces grandes forces de la nature qui semblaient devoir anéantir sa faiblesse. Un peu d'eau qui bout met à son service une puissance prodigieuse; il ravit au ciel sa foudre et contraint l'électricité à porter, aussi vite que la pensée, ses lettres à l'autre extrémité de l'univers. Le lin, le fil, la soie, le coton, la laine, le cuir, la plume, les métaux mêmes, couvrent sa nudité, et il plonge au plus profond des mers pour en rapporter la perle qui brille au front de sa compagne. Il élève la maison, le palais, le temple et ces musées, ces bibliothèques, ces conservatoires, où chaque siècle vient déposer à son tour les produits du génie des grands hommes disparus. Par l'étude, il s'assimile toutes ces choses, il entasse dans son esprit des connaissances toujours plus étendues, il travaille jusqu'à la dernière heure, comme si une voix secrète lui disait qu'il a devant lui l'avenir, et l'éternité, et l'infini, et qu'après le sommeil de la mort, il retrouvera, au réveil d'une autre vie, le vague ressouvenir de toutes ces conquêtes, qu'une étude nouvelle lui permettra de faire revivre plus facilement dans sa mémoire.

Mais quelle main défrichera ces champs incultes, qui préparera ces métamorphoses et qui accomplira ces miracles ?

Hélas ! ce sera cet éternel martyr dont, déjà en son temps, l'écrivain grec Lucien disait que celui que les dieux haïssaient, ils le faisaient maître d'école; celui auquel Luther, mieux inspiré, portait envie lorsqu'il s'écriait : « Si je n'étais pas ministre de l'Évangile, je voudrais être maître d'école, et encore ne sais-je lequel vaut le mieux ! »

Le maître d'école !... Qui saura jamais ce qu'il y a de dévouement caché, d'abnégation sublime, de courage poussé jusqu'à l'héroïsme dans l'âme de cet homme qui, sorti le plus souvent du peuple, sacrifie sa vie tout entière à la tâche ingrate d'élever le peuple, en développant chez lui les premiers rudiments de l'intelligence! Et qui comptera, en même temps, ses humiliations, ses misères, son servage vis-à-vis de toute sa hiérarchie de chefs universitaires, vis-à-vis surtout du préfet, du sous-préfet, du maire, du curé, son ennemi intime, de la servante du curé, qui, comme son maître, combat pour les *bons frères* de la doctrine chrétienne, vis-à-vis même des parents de ses élèves, dont pas un ne veut admettre que son fils soit puni, et qui tous, lorsqu'il rentre au logis, s'il s'efforce de parler comme on lui enseigne à le faire à l'école, le traitent de pédant, en leur langage, l'accusent de faire le *monsieur*, grave injure! et le contraignent à s'exprimer comme on le fait autour de lui.

La famille défait à plaisir l'enseignement littéraire comme, plus tard, le monde défera l'enseignement moral qu'il s'efforce de donner à l'enfant.

Pour l'instituteur, ni autorité, ni indépendance, ni liberté, civile, politique, religieuse ou autre. Il ne peut fréquenter la maison où la fille est déjà grande, où la femme est encore jeune, sans qu'au lavoir public toutes les commères, en lavant leur linge, ne cherchent à salir le sien. Il faut qu'il chante au lutrin et communie aux fêtes carillonnées. Secrétaire de la mairie, si le premier magistrat municipal commet quelque faute très-grave, il la met sur le dos de son subordonné et le fait destituer sans vergogne.

Je me rappelle, non sans terreur, ce que me disait un jour un inspecteur qui me connaissait assez pour s'ouvrir à moi sans mystère. Je lui demandais s'il était vrai que l'enseignement congréganiste fût supérieur à l'enseignement laïque.

— C'est le contraire qui est la vérité, me répondit-il, mais je me garde bien de le dire. J'ai mes chefs aussi moi, et je sais qu'ils baissent les yeux lorsque l'évêque les regarde. Je ne leur dis donc que ce que je sais devoir leur plaire.

— Mais pourquoi agissez-vous ainsi ?

— Parce que j'ai l'*instinct de la conservation*. J'ai quarante ans, une femme, un fils et deux filles. Voilà vingt-deux ans que je suis dans l'enseignement. Il me sera plus économique et plus honorable en même temps de pousser mes trois enfants dans l'instruction publique. Si je constatais la supériorité de l'enseignement laïque sur les écoles congréganistes, cela ne tarderait pas à arriver jusqu'aux oreilles de Monseigneur. Il les a très-longues, Monseigneur, épigramme à part. Soyez certain que je serais bientôt destitué. Que je perde ma place, il faut que je mette mon garçon en apprentissage et

que je fasse de mes filles des ouvrières. Vous voyez
les conséquences!... Or, cela ne sera pas. On nous
tient par notre misère, et on nous tient bien. Aussi
je crois que je puis rejeter la responsabilité du
mensonge que je fais sur la conscience de Monseigneur. Il est mieux en situation que moi de s'ar-
ranger là-haut.

Si les chefs sont condamnés à de pareils com-
promis, jusqu'à quelle limite les pauvres maîtres
d'école ne sont-ils pas contraints de marcher dans
cette voie douloureuse?

Deux conditions sont indispensables pour qu'un
homme soit indépendant. Il faut que le chiffre de
son traitement corresponde aux nécessités de la vie,
eu égard à l'importance de la fonction qu'il exerce ;
il faut, en outre, que lui-même soit entouré de garanties telles, que son pain et celui de sa famille ne
soient pas, sans contrôle et sans appel, à la merci
d'un seul individu.

Or, — parlons bien bas pour confesser cette
honte ! — le pays où l'on paie le moins ceux qui
instruisent le peuple, c'est la France ! Et ici, pour
donner plus de poids à mon assertion, je passe la
plume à M. E. Rendu, inspecteur général de l'instruction publique, parce que, plus compétent que
personne par la place qu'il occupe dans l'enseignement, étant très-hostile au régime républicain, et

très-énergiquement réactionnaire, ses paroles ont une autorité que n'auraient pas les miennes. (*L'Instruction primaire devant l'Assemblée nationale*, p. 72-73.)

« ..... Après quatre ans d'études préparatoires et trois années d'école normale, le jeune maître touchera 400 francs comme instituteur-adjoint de seconde classe ; puis, comme adjoint de première, il atteindra 500 francs ; sur quoi il devra se nourrir, s'habiller, etc. Nommé, un ou deux ans après, instituteur titulaire, il aura droit, dans sa vingt-unième ou vingt-deuxième année, à un traitement de 700 francs. Cinq années plus tard, il arrive à 800 fr. (la loi nouvelle offre généreusement 850 francs). Après dix ans de services, s'il se trouve dans le groupe d'élite des maîtres du département (le vingtième seulement des instituteurs), il *pourra* obtenir 950 francs ; et enfin, au bout de quinze années de labeur, à trente-cinq ans d'âge au plus tôt, s'il s'est montré de tout point irréprochable et si, par surcroît, il a l'heureuse fortune de n'être pas oublié, sait-on quel traitement il aura conquis ? — 1,100 francs !...

« J'ai sous les yeux le budget que dressait dernièrement pour son pauvre ménage, avec une naïveté éloquente, un instituteur du département des Vosges. Ce budget serait celui d'à peu près vingt-cinq mille de nos instituteurs sur trente-huit mille. Je le cite, car, en cette question, les plus humbles détails ne sont pas à dédaigner.

Pain, 700 gr. par personne et par jour, soit 511 kil. à 40 cent.	204	40
Viande, 1 kil. 500 par semaine, à 1 fr. 60.	124	80
Beurre, 12 kil. par an, à 2 fr.	24	»
Fromage, harengs, morue, pour les jours maigres, 80 jours à 40 cent.	32	»
Lait, 10 cent. par jour.	36	»
Pommes de terre et légumes secs.	25	»
Vin, 1/2 litre par jour. à 40 fr. l'hectol. . .	72	»
Vêtements, chaussures, 50 fr. par an et par personne.	100	»
Chauffage. . . . . , . . .	40	»
Cote personnelle, portes et fenêtres.	15	»
Pour la société de secours mutuels.	10	»
Abonnement à un journal.	6	»
Cotisation pour l'Œuvre de la propagation de la foi.	2	60
Menues dépenses, petits voyages, etc. . . .	50	»
Total.	813	80

Traitement.	700 fr.		
Eventuel. . . . . . . : . .	15		
Total.	715		
A déduire pour retenues.	35		
Reste.	680	680	»
Déficit.		133	87

« Que dire des institutrices qui reçoivent, celles de première classe (et cela seulement depuis le décret du 27 juillet 1870, qui a été accueilli comme un immense bienfait), 600 francs ; celle de seconde classe, 560 francs, et qui ne sont, elles, que nous sachions, ni arpenteurs, ni chantres, ni secrétaires de mairie ? Que dire surtout des maîtresses-adjointes, dont le traitement ne *peut être inférieur*, déclare magnanimement la loi de 1867, à 350 francs ? »

En somme, une maîtresse-adjointe gagne moins qu'une cuisinière ; une institutrice en titre ne touche pas les gages d'une femme de chambre, et un cocher de bonne maison, celui qui panse, soigne, élève et dirige les chevaux, est, au point de vue de la rémunération, au-dessus de l'instituteur, de celui qui élève, instruit et dirige les jeunes générations de l'avenir.

Quoi qu'il en soit, le budget du maître d'école étant fait, et tout compensé, il lui manque (s'il n'a pas d'enfants !) 133 fr. 80 pour vivre !

Et maintenant que, dans son pompeux langage, M. Guizot vienne dire aux instituteurs, dans une circulaire qu'il leur adressait il y a une quinzaine d'années :

« L'instituteur s'attristerait souvent et succomberait peut-être, s'il ne puisait sa force et son courage ailleurs que dans les perspectives d'un intérêt immédiat et purement personnel. Il faut qu'un sentiment profond de l'importance morale de ses travaux le soutienne et l'anime; que l'austère plaisir d'avoir servi les hommes et secrètement contribué au bien public devienne le digne salaire que lui donne sa conscience seule. C'est sa gloire de ne prétendre à rien au delà de son obscure et laborieuse condition, de s'épuiser en services à peine comptés de ceux qui en profitent, de travailler enfin pour les hommes, et de n'attendre sa récompense que de Dieu. »

La société se décharge trop facilement de ses devoirs, en laissant à Dieu le soin de compenser plus tard les iniquités des hommes; et dire aux pauvres instituteurs que ce n'est que dans le ciel que croît la palme digne de payer certains dévouements, cela s'appelle tenir aux gens la dragée un peu bien haute!

Forcé, pour vivre, d'annexer à son état tous les métiers qu'il peut mener, — il s'est fait parfois sacristain et fossoyeur, — le malheureux maître d'école, depuis la loi du 15 mars 1850, à laquelle M. de Falloux a eu le triste honneur d'attacher son nom, a vu sa dépendance augmenter encore, et la défiance qu'il inspirait grandit jusqu'aux proportions de la suspicion. A partir de ce moment, les changements de résidence sont devenus continuels, sans que celui qui en est l'objet sache le plus souvent quel en est le motif. Comme le soldat, il ne faut pas qu'il s'affectionne aux lieux où il est, ni qu'il puisse y exercer la plus légère influence. Si quelque société modeste, quelque cercle se forme au village, pour retirer les jeunes gens du cabaret, on lui interdit d'en faire partie. J'ai vu changer un instituteur parce qu'il s'était aperçu que le maire tenait une *bourse noire*, où il oubliait parfois de porter à la recette certaines sommes qu'il recevait. Cet instituteur avait trente ans de service, dont vingt-deux dans la commune dont on prétendait l'exiler. Il a préféré demander sa retraite. Or, quant aux pensions de retraite, j'extrais les lignes suivantes de l'excellent livre de A. Guillemin, l'*Instruction républicaine* (p. 150), qui les emprunte lui-même à l'*Annuaire encyclopédique* pour 1867 :

« Après avoir consacré leur existence à l'exercice de l'une des fonctions sociales les plus pénibles, les malheureux instituteurs, réduits aux appointements les plus modestes pendant leur vie, ne peuvent encore aujourd'hui (le croirait-on ?) compter pour leur retraite que sur une moyenne de 93 fr. ! M. le ministre annonce qu'elle pourra s'élever en 1867 à 103 fr., et c'est tout ce qu'il sera possible de faire ! »

Je sais un instituteur qui, sous la République et avec les préfets républicains que nous avons, a été changé de commune, à la demande du maire, parce qu'il lisait un journal républicain. Le maire de la commune où on l'envoyait, non moins légitimiste et clérical que le premier, a refusé de le recevoir pour les motifs qui l'avaient fait renvoyer par l'autre. Il a été mis en disponibilité, oublié pendant six mois, pour lui apprendre qu'il valait mieux conspirer contre le gouvernement qui vous paie que de lui témoigner quelque sympathie.

Un autre encore, m'assure un correspondant digne de foi, après sept ans de résidence, fut, sur sa demande, nommé avec avancement dans une commune voisine. Le maire, ancien carbonaro et ancien conspirateur sous la Restauration, mais vieux diable devenu ermite et enragé de réaction sous la troisième République, le maire refusa de le recevoir, toujours pour ce crime irrémissible de républicanisme sous la République. On l'expédia alors vers une troisième commune, d'où, après une semaine de séjour, il fut dirigé vers une quatrième, sans qu'il lui fût donné un mot d'explication sur cette étrange façon d'agir. Il sollicita un congé de six mois, qui lui fut accordé, et pendant lequel il obtint un modeste emploi qui lui permit de sortir de cette maudite galère de l'enseignement.

Aussi, tandis que l'école normale primaire ne trouve plus à recruter le personnel enseignant, la désertion grandit chaque jour dans les rangs des instituteurs. Quiconque peut courir à la ville, y trouver quelque greffe de justice de paix, quelque position dans les compagnies d'assurances, etc., s'enfuit à toute vitesse après avoir secoué la poussière de ses souliers sur les limites de la paroisse.

Parlerai-je de la concurrence terrible et déloyale que les lettres d'obédience, que les congréganistes font aux instituteurs laïques? Les statistiques démontrent que, parmi ces derniers, huit pour cent possèdent leurs parchemins en règle, le brevet complet ou diplôme de bachelier, tandis que moins de deux pour cent parmi les *bons frères* peuvent présenter le leur. On les appelle ignorantins bien à juste titre, ce qui n'empêche pas que pour eux la moyenne du traitement ne soit de 824 fr. 66 c., pendant qu'elle ne dépasse pas 778 fr. 52 c. pour les laïques.

Cette situation est tellement insoutenable qu'il y a peu de temps (décembre 1872), un député demandait que l'on ajoutât une augmentation annuelle de 100 fr. au modeste traitement des instituteurs. La demande était trop légitime pour que nos honorables osassent la repousser : aussi en ont-ils seulement renvoyé la solution à l'année prochaine.

Pourquoi pas aux calendes grecques?

Il s'agissait d'une misérable somme de trois millions à peu près. On comptait, il y a trois ans, sous l'empire, des maréchaux de France qui touchaient jusqu'à 250,000 fr. d'appointements, — quelques-uns même étaient beaucoup plus largement payés, — et il est tel ambassadeur qui nous coûte encore un pareil chiffre pour représenter honorablement la France. Il suffirait donc du-traitement de six maréchaux tels que Bazaine, additionné à celui de six ambassadeurs comme Benedetti, pour faire bénir le nom de la République jusque dans le plus humble village, et faire tomber enfin quelque espoir dans le cœur de ces courageux pionniers chargés de la besogne ingrate de défricher les intelligences attardées de nos pauvres villageois. Et l'on rejette cela à *l'an qui vient!*

On a dit, non sans raison, que c'était le maître d'école prussien qui avait vaincu la France. Préparons donc la revanche alors, et sans retard, puisque cela coûterait si peu auprès des milliards qu'il faut dépenser pour éterniser les haines nationales, élever des forteresses, et couvrir de canons de nouvelles murailles de la Chine. Faisons des hommes au lieu de ne songer jamais qu'à les détruire. Mais, pour relever le niveau de l'instruction, élevons d'abord celui qui la répand; qu'il marche l'égal du prêtre, car comme lui l'instituteur a charge d'âmes, et c'est pour éveiller tous les échos de la conscience humaine qu'il parle aux intelligences et sans cesse élargit leur domaine.

Pourquoi le prêtre, qui vit seul, est-il plus grassement payé, plus largement logé que l'instituteur, qui doit connaître les chers soucis de la famille? Et encore on exige de celui-ci qu'il fasse la besogne du prêtre, qu'il soit chargé de l'enseignement religieux, lorsqu'il a à peine le temps nécessaire pour tant de choses essentielles, à commencer par l'histoire et la géographie du pays, dont nos campagnards savent à peine le premier mot. Ils connaissent Judith, mais n'ont guère entendu parler de Jeanne Darc. Il y a des enfants en France qui ne connaissent pas leur département, leur arrondissement : ils ne connaissent que leur diocèse. Nous avons encore, en 1873, des instituteurs, des institutrices, empruntés aux ordres religieux, qui ne reconnaissent pas la Révolution de 1789, qui s'appliquent à n'enseigner que le moins possible, et encore ce qu'ils enseignent est-il souvent erroné. Ainsi nous livrons aux hommes du passé les générations de l'avenir! Ainsi s'éternise parmi nous cette lutte implacable entre hier et demain, qui fait qu'aujourd'hui est plein d'orages et de périls, et que nous naviguons sans boussole sur des océans dont nous ne pouvons découvrir les rivages.

Je consultais naguère les plans cadastraux d'une commune rurale, et j'entendais dans la salle voisine l'instituteur, — un bon frère, — qui demandait à ses élèves ce qu'était Jésus-Christ en tant que Dieu, et ce qu'il était en tant qu'homme. Toute la classe fut consacrée à cette double définition, sur laquelle tous les écoliers eurent à répondre à leur tour. Historien de mon métier, je crois pouvoir avancer sans blasphème que dans l'Inde on explique au même titre aux enfants les diverses incarnations de Brahma, de Wichnou et de Sivah. Mais enfin, dans l'Inde comme en France, je dirais que la tâche de l'instituteur est d'enseigner aux enfants les choses pratiques de la vie mondaine, les sciences d'ici-bas, pour laisser aux ministres des différents cultes, suivant que l'on est né dans tel siècle ou sous telle latitude, le soin d'inculquer aux jeunes intelligences les choses de l'ordre surnaturel.

CHAPITRE II.

Il y eût comme un moment de stupeur lorsqu'un ancien proviseur de l'un des lycées de Paris, P. Lorain, publia, en 1837, son *Tableau de l'instruction primaire en France*. Ouvrage officiel qui synthétisait les rapports adressés au ministre par les quatre cent quatre-vingt-dix inspecteurs chargés de visiter toutes les écoles du royaume. Personne n'avait encore mesuré l'épaisseur de la croûte d'ignorance qui couvrait nos campagnes, ni sondé la profondeur de cet enfer au fond duquel gémissait, enchaîné, le malheureux maître d'école.

Hélas ! on n'a pas même la consolation de pouvoir dire que tout cela n'est plus que de l'histoire ancienne, et nul n'oserait prétendre que l'empire, à qui l'on doit, malgré l'antériorité de sa date, la trop fameuse loi Falloux, est venu porter remède aux maux signalés en 1837. Consultez les publications les plus récentes (1), elles proclament unanimement que la si-

(1) Voir Guillemin, Rendu, le rapport de Durny, en 1864; l'*Instruction obligatoire*, de Ch. Robert; l'*Instruction primaire*,

tuation des instituteurs est intolérable aujourd'hui comme il y a trente ans, que le personnel n'est pas assez nombreux, que le matériel est incomplet, que le programme de l'enseignement est incomplet, que les livres d'école sont très-souvent ridicules, parfois d'une haute inconvenance, que l'autorité cléricale persiste à se montrer trop souvent malveillante à l'endroit du développement intellectuel, et traite en ennemi le maître d'école, qui ne trouve de protecteurs nulle part.

Ce point particulier de la question me paraît capital. S'il est bien prouvé que le clergé catholique s'oppose à la diffusion de la lumière parmi les générations qui grandissent, et s'il est avéré qu'il entrave de toutes ses forces l'instituteur réduit aux expédients, n'est-il pas urgent d'émanciper ce dernier vis-à-vis de lui, et de réclamer énergiquement la séparation de l'École et de l'Église ?

C'est donc seulement sur ce point capital que je veux faire quelques emprunts aux rapports des inspecteurs, après les avoir fait précéder des lignes suivantes de l'excellent livre, qui est d'hier, de Laveleye, sur l'*Instruction du peuple*, afin de bien éta-

du général Morin ; l'*Instruction primaire obligatoire*, de Georges Lafargue ; le rapport sur *L'Organisation et les progrès de l'Instruction publique*, de Jourdain ; celui de l'inspecteur général Gréard sur les *Besoins de l'Instruction primaire à Paris*, etc.

blir préalablement que le clergé poursuit toujours sa sainte croisade en faveur de l'ignorance obligatoire et contre l'instituteur laïque.

« L'expérience des États-Unis est le plus fort argument en faveur de l'instruction obligatoire, dit-il (p. 379).... Les pasteurs des différentes communions appuient la mesure, tandis qu'en France et en Belgique, le clergé s'en montre *l'adversaire acharné.* Fâcheux contraste, qui permet aux ennemis de l'Église de dire qu'elle a peur des lumières! En tous cas, cela explique pourquoi l'instruction est plus répandue dans les pays protestants que dans les pays catholiques. Chez ceux-ci, l'État trouve dans le prêtre *un ennemi*, chez ceux-là un auxiliaire. »

Le *Tableau de l'instruction primaire en France* démontre, en effet, que si l'hostilité du clergé reste sourde en bien des lieux, elle éclate partout où elle sent le terrain solide sous ses pas. Ici, il rend nuls les efforts du professeur pour épurer le langage : « Parlez la langue de vos pères! dit le bon curé aux enfants (Lorain, p. 30). » L'auteur se vit contraint de reconnaître que « les partisans du culte protestant sont infiniment plus avancés que nous sous le rapport de l'instruction primaire (54). »

« Les curés disent que du sein des écoles normales, comme du sein d'un repaire impur, vont sortir des jeunes gens impies qui jetteront le trouble dans les paroisses..... Il y en a un qui a fait un règlement fort long où, parmi trente-six autres articles les uns aussi ridicules que les autres, on voit figurer celui-ci : Lorsque l'instituteur voudra aller dîner chez les parents d'un élève, il devra m'en demander la permission (260-261).

« En général, on porte l'amour de la religion jusqu'au fanatisme, et, dans la classe pauvre et dépourvue de toute instruction, il y a une superstition digne de remarque. Elle croit encore à la magie, aux revenants, etc., etc. Cette superstition, fille de l'ignorance, est entretenue et propagée par l'enseignement d'une morale exclusivement religieuse. Dans toutes les communes, c'est le prêtre qui prescrit à l'instituteur la leçon morale. Presque dans toutes, celui-ci est l'humble valet de son curé; il n'agit, il ne pense, en quelque sorte, que par l'ordre de son curé. Les élèves n'ont entre les mains que les livres désignés par le prêtre, et l'instituteur se ferait un crime de contrarier ses vues. Le curé n'aurait qu'un mot à dire, et la plupart des pères de famille n'enverraient plus leurs enfants à l'école de son ennemi (293).

« ..... Une cause domine toutes les autres : c'est l'opposition inerte ou active du clergé, qui, d'ailleurs, paraît craindre que l'instruction primaire ne prenne quelque essor. Où les instituteurs ne sont pas les hommes du curé, leurs écoles se dépeuplent, et ils sont obligés de porter de commune en commune leur industrie, entourée alors de méfiance, et leur misère. Pour le curé, le besoin de l'instruction se borne à la prière et au catéchisme, et, si l'on veut, à un peu de lecture. Aussi lui convient-il mieux d'avoir, au lieu d'instituteur, une de ces filles, dites de Saint-Dominique ou d'un autre nom, qu'on trouve dans toutes les paroisses, et le plus souvent dans plusieurs hameaux de la même paroisse. Elles reçoivent des secours du curé, n'exigent qu'une rétribution de 25 à 30 centimes, payée parfois en denrées, et que les parents semblent avoir le droit de refuser (397).

« Le peu de sympathie que trouve chez beaucoup de curés l'instruction populaire, l'aversion anticipée de presque tous pour tout ce qui doit venir de l'école normale, ne se sont point présentés à moi comme l'obstacle le plus puissant que doit rencontrer la diffusion générale de l'instruction primaire. Il en est d'autres plus multiples et d'une nature plus tenace encore (397).

« Presque partout (dans la Haute-Loire), j'ai trouvé l'enseignement populaire confié à une fille dévote que, dans chaque village, on appelle la *béate*, et qui donne de si détestables principes de la seule chose qu'elle enseigne, la lecture, que les leçons

pour les jeunes gens qui viennent ensuite à la ville
sont un empêchement plutôt qu'un secours pour apprendre à bien lire.

« Tous les villages ont leur *béate* ; les ennemis de
l'émancipation intellectuelle, les prêtres, y exercent
une bien funeste influence ; l'enseignement y est
dans un état déplorable (326). »

L'inspecteur des Côtes-du-Nord ne craint pas
d'avancer que, « dans les communes où l'école est
dirigée par un laïque, il arrive souvent que les curés
abusent de leur influence en détournant les familles
d'y envoyer leurs enfants. Tous les prétextes ser-
vent alors de raisons ; et l'un de ceux qu'ils font va-
loir le plus souvent, c'est que les jeunes gens, plus
instruits que leurs pères, ne voudront plus leur
rendre aucun service et deviendront de dédaigneux
fainéants (397). »

Celui qui inspectait Maine-et-Loire constate que
« l'insouciance de l'autorité locale, qui n'a jamais
encouragé l'instituteur, l'opposition constante du
curé, qui prétendait qu'il valait mieux envoyer les
enfants mendier que de les mettre à l'école, le peu
d'énergie, la nonchalance même de l'instituteur, ont
nui dans cette commune (Seiches) au développement de l'instruction primaire (398). »

Passons dans un autre arrondissement du même
département. « L'influence du clergé, peu favorable

à l'ordre de chose actuel, est toute puissante dans ces contrées. Toute innovation est reçue par eux avec une défiance qu'il sera très-difficile, pour ne pas dire impossible, de neutraliser. L'autorité doit veiller sur les sourdes et continuelles intrigues que la majorité des curés oppose à toute amélioration dans l'instruction, dont le monopole est l'objet constant de leur ambition (401). »

Dans la Mayenne, « au lieu de seconder les vues du gouvernement pour l'amélioration et la propagation de l'instruction primaire, les curés font tous leurs efforts et profitent de toute leur influence pour empêcher les conseils municipaux de voter les fonds nécessaires à l'établissement d'une école communale. Ils répandent ou font répandre le bruit que le gouvernement a l'intention de changer les livres religieux, pour y substituer des livres subversifs de toute morale et de toute religion, et qu'il veut ajouter encore à la misère des habitants en exigeant d'eux le vote des 3 centimes additionnels, quand ils sont déjà accablés d'impôts..... Les curés dominent exclusivement dans toutes les campagnes. Les enfants iront ou n'iront pas à l'école, selon que les ecclésiastiques conseilleront les parents. Or ils sont portés à les y envoyer, parce que l'instituteur épargne la peine de leur apprendre le cathéchisme (402). »

On pouvait encore tenir ce sévère langage sous le

gouvernement relativement libéral de juillet. Mais, sous le second empire, nous avons vu le clergé réclamer, dans un langage étrange, par la bouche de l'évêque d'Orléans, M. Dupanloup, le privilége d'élever nos filles *sur les genoux de l'Église.*

J'ajouterai que, tandis que, chez nous, l'importante fonction de maître d'école est une impasse, en Amérique elle conduit aux plus hautes fonctions, et que là enfin on sait honorer les institutions du peuple. C'est ce que constate Laveleye dans les lignes suivantes (352) :

« Le nombre d'hommes et de femmes qui ont été pendant un certain temps dans l'instruction publique est incroyable. En lisant la vie des hommes distingués des États-Unis, on voit que la plupart ont été maîtres d'école. Dans la plus riche société des grandes villes, on rencontre à tout instant d'anciennes maîtresses d'école..... Pour former ces innombrables instituteurs et institutrices, qui traversent l'école avant de se répandre dans toutes les carrières, les divers États ont créé, depuis quelques années, d'excellentes écoles où enseignent des professeurs de grand mérite, largement rétribués..... »

CHAPITRE III.

Sous un gouvernement monarchique, alors qu'il y a des classes dirigeantes qui se réservent le monopole de toutes les fonctions dites honorables, et, dans tous les cas, fortement rétribuées, il est naturel que l'instruction soit un privilége réservé à la naissance, tandis que l'immense majorité des hommes erre dans les ténèbres de l'ignorance, afin qu'elle se laisse plus aveuglément conduire par un petit nombre de familles. Mais en république, mais sous l'empire du suffrage universel, tous ont droit à une part non pas encore égale, mais du moins assez large, de l'héritage immatériel de l'intelligence, pour qu'ils puissent lutter sans trop de désavantage contre les autres, dans la rude bataille de la vie.

L'enseignement doit donc être libre, gratuit, illimité dans son programme, afin que chacun en absorbe autant qu'il le pourra faire, suivant ses aptitudes et ses capacités naturelles. Nous rougirions d'être, à cet égard, moins avancés que ne l'étaient, vu moyen âge, ces communautés laïques d'habitants qui jadis couvrirent le sol, et dont j'ai révélé ailleurs l'existence (1), aujourd'hui si oubliée ; communautés au sein desquelles tous les frais d'étude, nourriture et éducation des enfants étaient à la charge de tous les *partçonniers*, ainsi que nous l'apprend Guy-Coquille, le commentateur de la coutume du Nivernais, « pour ce que ces charges ne sont pas pures volontaires à respect du père à ses enfants. »

L'intérêt social est ici d'accord avec l'intérêt privé, car il importe à tous que la direction des choses de ce monde soit confiée, non plus aux incapables qui n'ont pris d'autre peine que de naître dans des châteaux ou des palais, mais aux esprits supérieurs que la main de Dieu fait naître indifféremment dans les chaumières et dans les mansardes. Mieux vaut, certes, être gouverné, comme aux États-Unis d'Amérique, par le charpentier Abraham Lincoln, par le tailleur Johnston, par le tanneur Ulysse Grant, après qu'ils ont fait leurs preuves de haute capacité, que par un fou comme Charles VI, par un incapable comme Henri III, Louis XIII, Louis XV, Louis XVI, et tant d'autres, ou par un enfant, comme le furent

(1) *La commune agricole*, par E. Bonnemère. Brochure de 200 pages. Prix, 30 centimes. Bibliothèque démocratique, 9, place des Victoires, et Librairie des sciences sociales, 3, rue Hautefeuille.

Louis XIII, Louis XIV, Louis XV, dont les longues minorités appelèrent tant de désastres sur l'infortuné royaume.

L'instruction doit être obligatoire, parce que la loi donne formellement aux enfants le droit de recevoir de leurs parents, outre la nourriture et l'entretien, une éducation appropriée à leurs facultés (art. 203, 305, 385, 1409 et 1448 du code civil), et qu'ici le droit de l'enfant prime le droit du père, lequel n'a pas plus celui d'affamer l'âme que le corps, sans que la loi n'ait le devoir d'intervenir dans l'un ou l'autre cas; parce que l'État, pour pouvoir justement punir, doit avoir préalablement instruit. Il faut avoir enseigné les lois avant d'en punir la violation, et le maître d'école, plus occupé, diminuerait la besogne des geôliers et du bourreau.

Dans un rapport sur l'instruction publique, M. Duruy constatait que le nombre des crimes commis au-dessous de vingt et un ans avait diminué seulement de 235 dans la période de 1828-1836 à celle de 1838-1847, tandis qu'elle a décru de 4,152 dans la période de 1838-1847 à celle de 1852-1863. On comptait, en 1847, 118 jeunes gens au-dessous de seize ans traduits aux assises; il n'y en a eu que 44 en 1862. Cela n'indique-t-il pas que la criminalité diminue à mesure que l'enseignement s'améliore et que l'instruction se répand?

C'est au nom du bien général que nous parlons. La richesse se crée moins par la force des bras que par la puissance de l'esprit; l'ignorant est un mauvais instrument de production; il est un excellent instrument de désordre. L'État doit donc intervenir, ne fût-ce que pour mettre plus de solidarité entre les citoyens.

Cette question commence à n'en plus être une, et voici ce que, après avoir été, en 1833, l'adversaire de l'obligation légale, M. Guizot lui-même disait, le 23 avril 1872, à la *Société de l'instruction primaire* : « La liberté des consciences et des familles sont des faits et des droits qui, dans cette question, doivent être scrupuleusement respectés et garantis; mais, sous la condition de ce respect et de ces garanties, il peut arriver que l'état social et l'état des esprits rendent l'obligation légale, en fait d'instruction primaire, légitime, salutaire et nécessaire.

« *C'est là que nous en sommes aujourd'hui.* Le mouvement en faveur de l'enseignement obligatoire est sincère, sérieux, national. De puissants exemples l'autorisent et l'encouragent : en Allemagne, en Suisse, en Danemarck, dans la plupart des États d'Amérique, l'instruction primaire a ce caractère, et la civilisation en a recueilli d'excellents fruits. La France et son gouvernement *ont raison d'accueillir ce principe*, en y attachant des garanties efficaces pour le maintien de l'autorité paternelle et la liberté des consciences et des familles. »

La plus grosse des difficultés réside dans la question de la laïcité de l'enseignement. Ici, les adversaires du progrès poussent, à proprement parler, des hurlements de désespoir et de fureur à la fois, nous accusant de vouloir enseigner l'athéisme et de prétendre supprimer, d'un trait de plume, Dieu, l'âme et la responsabilité personnelle.

Mais, par grand bonheur, il n'est nullement question de chasser Dieu de son ciel, ni de confier à Papavoine ou à Troppmann la présidence des États-Unis d'Europe, ni même celle de la République française. Nous demandons tout simplement que chacun fasse le métier qui est le sien et pour lequel il est payé; que protestant, catholique, israélite ou musulman, le prêtre, libre dans son église, enseigne seul à l'enfant les doctrines religieuses qui sont celles de la famille à laquelle il appartient; que l'instituteur enseigne à ses élèves les premiers éléments des sciences et des lettres, enseignement basé sur cette morale supérieure qui est le fond commun de toutes les religions, car toutes, sans exception aucune, prescrivent de faire le bien et d'éviter le mal; qu'il leur apprenne à devenir de bons et honnêtes citoyens, non-seulement par la crainte du diable ou par l'appétit des récompenses éternelles, mais encore par respect d'eux-mêmes et de leurs frères de la grande famille humaine.

Sur quels arguments et sur quel droit le clergé s'appuie-t-il pour prétendre au monopole de l'enseignement? Il a désormais le *Syllabus* pour évangile ; il maudit toutes les grandes conquêtes des sociétés modernes, toutes les idées qui nous font vivre, et il ne saurait enseigner à la jeunesse que le mépris et la haine de tous les progrès accomplis. La science le gêne, il la raille et la condamne, et répète du haut de la chaire que mieux vaut de beaucoup la foi naïve et la sainte ignorance du paysan qui ne sait pas lire, plutôt que la fausse science d'un Laplace, d'un Humbolt, d'un Arago, qui peut-être bien ne donne pas, dans sa bibliothèque, la place d'honneur au *Syllabus*.

Et alors à quoi bon s'instruire? On peut être un parfait chrétien, c'est-à-dire entendre la messe, les vêpres, se confesser, pratiquer en un mot, et être parfaitement ignorant d'ailleurs. On peut apprendre à réciter son catéchisme et ne pas savoir lire. Mais cette récitation mécanique, mot à mot, syllabe à syllabe, lettre à lettre, suffit-elle bien à développer les sentiments moraux et religieux même? Cette gymnastique de mémoire ouvre-t-elle l'esprit, développe-t-elle l'intelligence, améliore-t-elle les mœurs? Et si le maître d'école y ajoute quelques explications, s'il touche aux dogmes, aux mystères, ne risque-t-il pas de tomber dans l'hérésie et de la semer autour de lui ?

J'ai entendu un enfant réciter ainsi son catéchisme .

Demande. — Qu'est-ce que la colère?

Réponse. — C'est un mouvement *réglété* de l'âme, etc.

Il avait lu *réglété* au lieu de *déréglé*, et ne s'était pas arrêté pour si peu. Qu'est-ce que cela lui faisait, à ce pauvre être de sept ans à peine, que l'âme eût des mouvements et que ces mouvements fussent *réglétés* ou déréglés?

Je soupçonnais déjà que d'apprendre le catéchisme cela ne suffisait pas pour *régler*, élargir et élever suffisamment l'âme humaine. Depuis cette leçon, j'en ai eu et j'en conserve la conviction.

En somme, il faut, je le répète, laisser à chacun sa besogne. Au prêtre, la religion ; à l'instituteur, la science d'ici-bas. Il n'aura pas trop de temps pour enseigner les choses essentielles, qu'il poussera aussi loin que possible, et parmi ces choses essentielles je rangerais : la lecture, l'écriture, les premiers éléments de l'arithmétique, de la géométrie, l'histoire, la géographie, la constitution des pays, un peu de physique, de chimie, d'hygiène, d'éco-

nomie domestique, le dessin, le chant, la gymnastique, l'exercice militaire.

Il faudrait aussi qu'aux champs, l'instituteur en-
seignât quelque peu d'économie rurale, et qu'il
plaçât souvent ses élèves face à face avec la nature,
pour leur en expliquer les merveilles. Il faudrait
qu'il leur montrât ce qu'est cette terre, du sein de
laquelle ils font jaillir la richesse et la vie, sans en
connaître les plus simples éléments. Il importerait
qu'il analysât avec eux les engrais, qu'il leur dît
pourquoi, sous peine de le frapper de stérilité, telle
plante ne doit pas être semée sur le même champ
avant qu'un certain nombre d'années soit écoulé,
pourquoi telle race de bétail l'emporte sur telle
autre, et qu'il leur signalât l'existence de ces instru-
ments aratoires qui rendraient sa besogne plus lucra-
tive et son labeur plus facile. Il faudrait enfin qu'il
substituât le raisonnement et la science à la routine,
et qu'il apprît aux cultivateurs l'agriculture, dont
ils ne savent pas même le vocabulaire. Car, lorsque
vous parlerez au paysan, à l'homme qui, de toute sa
vie, n'a fait et ne fera que de l'agriculture, de rayon-
neur, d'extirpateur, de scarificateur, de soles, d'as-
solement, de rotation, d'amendements, de plantes
adventices et de cultures dérobées, il vous soupçon-
nera de ne pas posséder votre langue et de lui parler
du haut allemand.

Il faut me borner, quand j'aurais encore tant de choses à dire. Je voulais renverser, *par des faits*, les raisonnements en l'air des adversaires du progrès, et prouver que partout l'instruction a épuré la moralité en élevant le niveau intellectuel. Que le lecteur parcoure l'excellent livre, tout récent, de Laveleye sur l'*Instruction des peuples*, surtout pour ce qui concerne la Suisse (p. 312-318) et les États-Unis d'Amérique (335-385), et il sera complétement édifié à cet égard. Je me contente de constater un fait : c'est dans les pays protestants et dans deux Républiques que nous rencontrons les modèles les plus parfaits que nous puissions présenter à la France trop attardée. Qu'elle choisisse donc et qu'elle se décide à marcher vers les ténèbres ou vers la lumière.

723. — Imp. Moderne, Barthier dr, rue J.-J.-Rousseau, 61.

[BROCHURES D'INSTRUCTION RÉPUBLICAINE
à 15 centimes

EN VENTE

1. **L'Instruction républicaine**, par Jules BARNI, député de 'a Somme.
2. **Les Paysans avant 89**, par Eug. BONNEMÈRE, publiciste, auteur de l'*Histoire des Paysans* (3e éd.).
3. **La République c'est l'ordre**, par D. ORDINAIRE, publiciste, 4e édition.
4. **La Question militaire et la République**, par Raymond FRANC.
5. **Ce que disent les Bonapartistes**, par A. HENRYOT, avocat à la Cour d'appel de Paris.
6. **La vérité sur le Deux Décembre**, par GEORGES LASSEZ.
7. **Les Paysans après 1789**, par Eugène BONNEMÈRE, publiciste.
8. **La Liberté organisée**, par Léon JOURNAULT, député de Seine-et-Oise.
9. **Les Prétendants et la République**, par D. ORDINAIRE.
10. **La fin des Révolutions par la République**, par H. MAZE, ancien préfet des Landes.
11. **Les Principes et les Mœurs de la République**, par Jules BARNI, député de la Somme.
12. **Le Suffrage universel**, par E. MILLAUD, député du Rhône.
13. **Le Maître d'École**, par E. BONNEMÈRE.

Ces publications ont obtenu une médaille d'argent en 1873 de la Société pour l'Instruction élémentaire.

14. **Le Budget des trois monarchies et le Budget de la République**, par G. HUBBARD, publiciste.
15-16. **Jacques Bonhomme, Histoire des Paysans français**, par J. B. JOUANCOUX (première et deuxième parties).
17. **Hoche**, par H. CARNOT, membre de l'Assemblée nationale.
18. **Franklin, sa Vie et ses œuvres**, par L. François.
19. **La vérité sur Sedan**, par un Officier supérieur.
20. **Ce que coûte un Empire**, par GEORGE, député des Vosges.

POUR PARAITRE INCESSAMMENT :

Invasion IV, par Pierre LEFRANC, député des Pyrénées-Orientales.
L'Appel au peuple, par Jules BARNI, député de la Somme.
Et d'autres écrits populaires par MM. N. LÉVEN, L. RIBERT, JOIGNEAUX, MARIO PROTH, CLAMAGERAN, EDGAR QUINET, DUSOLIER, E. SPULLER, LAURENT PICHAT, J. CAZOT, Fréd. MORIN, etc.

CONDITIONS DE PROPAGANDE

50 exemplaires. . . . . 5 fr. 50
150 — 15
Pour renseignements s'adresser à M. Aug. MARAIS, 161, rue Saint-Jacques.

Imp. Moderne, Balthier, d', rue J.-J.-Rousseau, 61.

www.ingramcontent.com/pod-product-compliance
Ingram Content Group UK Ltd.
Pitfield, Milton Keynes, MK11 3LW, UK
UKHW021022120726
13693UKWH00005B/2138